Hannah Sell

Die Black Panther Party
Lehren aus ihrer Geschichte

Hannah Sell ist stellvertretende Generalsekretärin der Socialist Party in England und Wales. Der Artikel erschien zuerst in Socialism Today im September 2006. Er wurde übersetzt von Tanja Niemeier und Rebecca Goehrt.

Impressum

Herausgegeben von der Sozialistische Alternative – SAV im Juni 2013

V.i.S.d.P., Satz und Umschlaggestaltung: Holger Dröge

Sozialistische Alternative – SAV, Littenstraße 106/107, 10179 Berlin Telefon: (030) 24 72 38 02, Email: info@sav-online.de

Einleitung

Vor 40 Jahren wurde die „Black Panther Party for Self Defense" in Oakland, Kalifornien gegründet. Dies stellte den Höhepunkt einer breiten Rebellion gegen Rassismus und Armut dar, die in den 50er und 60er Jahren die USA erfasste.

J. Edgar Hoover, Chef des FBI, beschrieb die Panther auf dem Höhepunkt ihres Einflusses als „die größte Bedrohung für die innere Sicherheit der USA". 40 Jahre später hält der Gouverneur Kaliforniens, Arnold Schwarzenegger, sie noch immer für eine Bedrohung. Er weigerte sich die Todesstrafe für Tookie Williams auszusetzen, weil er nicht daran glaubt, dass sich dieser „gewandelt" habe. Tookie ist der Gründer der legendären Crisps Gang. Mittlerweile hat er seine Einstellung geändert und kümmert sich um Jugendliche, die er davon abzuhalten versucht sich Gangs anzuschließen. Schwarzenegger glaubt Tookie seinen Sinneswandel nicht und rechtfertigt dies damit, dass dieser sein Buch dem Panther-Mitglied und Revolutionär George Jackson gewidmet hat, der 1971 von Gefängniswächtern niedergeschossen und getötet wurde.

Während sich die herrschende Klasse der Panther voller Angst erinnert, werden sie von einer neuen Generation von AktivistInnen als Helden gesehen.

Der Rassismus und die Armut, dem die Schwarzen in den USA der 50er und 60er Jahren begegneten, ist nicht grundlegend anders als heute. Es stimmt natürlich, dass es heute eine deutlich größere und wohlhabendere schwarze Mittel-

Die sechs Gründungsmitglieder der Black Panthers im November 1966: Elbert Big Man Howard, Huey P. Newton, Sherman Forte, Bobby Seale, Bottom Reggie Forte und Little Bobby Hutton

schicht gibt; eine kleine Schicht ist sogar in die Elite der US Gesellschaft aufgestiegen – an ihrer Spitze Condoleezza Rice, amtierende Außenministerin der Bush Regierung. Die Entwicklung einer schwarzen Mittelschicht war die bewusste Entscheidung der herrschenden Klasse in den USA, als Reaktion auf die Revolte der 50er und 60er Jahre. Diese neu entstandene Mittelschicht sollte als Bremse für zukünftige Bewegungen dienen, es war der Versuch eine Version des „Amerikanischen Traums" für Schwarze zu schaffen.

Für schwarze Amerikaner der Arbeiterklasse, mehr noch als für Weiße, blieb und bleibt der amerikanische Traum jedoch ein Mythos. Weiterhin gelten für große Teile der schwarzen Bevölkerung Niedriglöhne und Armut als Norm. Laut offizieller Statistiken werden im Jahr 2004 beinahe 25 Prozent der Schwarzen als arm eingestuft, dagegen nur 8,6 Prozent der weißen, nicht-hispanischen Bevölkerung. Die Arbeitslosigkeit unter Schwarzen ist doppelt so hoch wie unter Weißen, doppelt so hoch ist auch die Wahrscheinlichkeit, dass Schwarze aufgrund von Krankheit, Unfall oder Mord sterben – durch alle Altersstufen hindurch. Hurrikan Kathrina hat die Lebensrealität der USA des 21. Jahrhunderts offenbart: als die Deiche brachen, wurden in den Fluten die Armen zurückgelassen und dass diese mehrheitlich Schwarze waren, ist kein Zufall.

In den 60er Jahren, so beschreibt es George Jackson „wurden schwarze, in den USA geborene Männer, die das Glück hatten älter als 18 Jahre zu werden, so erzogen, dass sie Gefängnisstrafen als unausweichlich akzeptierten". Jackson selbst wurde „zu einem Jahr bis lebenslänglich" für den Überfall auf eine Tankstelle verurteilt. Heute hat sich die Situation für junge schwarze Männer der Arbeiterklasse kaum verändert: 11 Prozent befinden sich im Gefängnis. In den meisten Staaten führt der Gefängnisaufenthalt zum dauerhaften Entzug des Wahlrechts. In diesem Sinne besteht das allgemeine Wahlrecht nicht für schwarze Männer in den USA. Heute wie in den 60er Jahren brutalisieren Vollzugsanstalten Millionen junge Schwarze. Doch damals, einer Periode allgemein gesellschaftlicher Radikalisierung, diente das Gefängnis gleichzeitig als Schule für revolutionäre Ideen. Jackson erklärt: „Ich habe Marx, Engels, Trotzki und Mao im Gefängnis kennen gelernt und sie haben mich befreit". Die Black Panther, von denen viele für ihre Aktivitäten einsaßen, gewannen in den US-Gefängnissen an Unterstützung.

Der US Kapitalismus des 21. Jahrhunderts hat die schwarzen Amerikaner der Arbeiterklasse im Stich gelassen. Die Geschichte der Black Panther ist deshalb nicht alleine von historischem Interesse; sie enthält wichtige Lehren für eine neue Generation von AktivistInnen, besonders in den USA, bis zu einem bestimmten Grad auch international.

Es war kein Zufall, dass sich die Bürgerrechtsbewegung in den 50er Jahren entwickelte. Der zweite Weltkrieg wirkte sich auf diesen Prozess aus. Nicht genug das Tausende schwarzer Soldaten im Kampf für den US Imperialismus fielen. Auch die Heuchelei der Kriegspropaganda war nicht zu übersehen: die herrschende Klasse erklärte, dass man in den Krieg eintreten müsse, um den Rassismus der Nazis zu bekämpfen, während im eigenen Land staatlich geförderter Rassismus auf der Tagesordnung stand.

Hinzu kam, dass der US Kapitalismus in eine anhaltende Periode wirtschaftlichen Aufschwungs und Wohlstands eintrat. Das bedeutete, dass mehr Schwarze vom ländlichen Süden in die Städte, vor allem im Norden, zogen. 1940 lebte die Hälfte der schwarzen Bevölkerung in Städten, 1970 waren es bereits 75 Prozent. Durch den Zuzug aus den isolierten, ländlichen Gebieten, wuchs die urbane schwarze Arbeiterklasse in den Ballungszentren und damit auch ihr Selbstvertrauen und ihr Glauben an die eigene Kampfkraft. Außerdem ließ der offensichtliche Anstieg des Wohlstands und des Lebensstandards der weißen Mittelschicht, die Armut und die Unterschiede zur Mehrheit der schwarzen Bevölkerung noch deutlicher hervortreten. Die Befreiungskämpfe der Massen in Afrika und Asien, die

Martin Luther King, Jr. Spricht am 27. April 1967 auf einer Kundgebung gegen den Vietnamkrieg an der Universttät von Minnesota in St. Paul

sich erfolgreich gegen die koloniale Unterdrückung zur Wehr setzten, sorgten für zusätzliche Inspiration.

Der Verlauf der Bewegung und des Kampfes veränderte auch die Einstellung der Beteiligten. 1965 trat das Bürgerrechtsgesetz in Kraft. Dieses gesetzliche Zugeständnis änderte jedoch nichts an der Armut und der alltäglichen Polizeibrutalität. Selbst Martin Luther King, der die Bewegung ursprünglich als Werkzeug sah, um auf pazifistischem Weg gesetzliche Zugeständnisse von der Demokratischen Partei abzuverlangen, änderte seine Ansichten in der Periode unmittelbar vor seiner Ermordung.

Als Martin Luther King 1963 brutal von der Polizei in Birmingham, Alabama zusammengeschlagen wurde, brachen im ganzen Land Aufstände aus. Martin Luther King beschrieb den Charakter der Aufstände zu Recht als „Klassenrevolte der Unterprivilegierten gegen die Privilegierten". 1967 sah er sich zu folgender Schlussfolgerung gezwungen: „ Wir sind in eine Ära eingetreten, die eine Ära der Revolution sein muss (...) was nutzen einem Mann gemischte Speiselokale, wenn er sich keinen Hamburger leisten kann?" King begann sowohl die Notwendigkeit eines Appells an den weißen Teil der Arbeiterklasse, als auch die eines auf Klassenbasis organisierten Kampfes zu betonen. Zum Zeitpunkt seiner Ermordung unterstützte er einen Streik (siehe: The legacy of Martin Luther King, Socialism Today, No. 27).

Unruhe und Formierung

An der Basis der Bewegung fand eine aufgeregte Diskussionen darüber statt, welches die effektivste Art zu kämpfen sei. Pazifistische Ideen wurden zunehmend abgelehnt, vor allem von der jüngeren Generation. Aus den Umbrüchen und Turbulenzen dieser Zeit entwickelten sich die Ideen der Black Panther. In vielerlei Hinsicht war die Entstehung der Bewegung ein Schritt vorwärts.

Sie repräsentierte eine Abkehr von Pazifismus und Orientierung an den Demokraten, einer Partei des „Big Business". Allerdings hatte sie auch ihre Grenzen, besonders wegen ihrer separatistischen Tendenzen und der fehlenden Klarheit im Programm.

Malcolm X hatte sich vom schwarzen Nationalismus der Black Power Bewegung abgewandt und stärker als jeder andere Anführer der Schwarzenbewegung zuvor, antikapitalistische Schlussfolgerungen gezogen, indem er klar feststellte: „Es gibt keinen Kapitalismus ohne Rassismus". Malcolm X wurde im Februar 1965 umgebracht. Ende 1966 gründeten sich die Black Panther und begannen, ihrem eigenen Selbstverständnis zufolge dort, wo Malcolm X aufgehört hatte.

Die beiden Gründungsmitglieder Huey P Newton und Bobby Seale wurden zu einem Zeitpunkt aktiv, als der Bewegung ein klarer Weg nach vorn fehlte. Die jungen Aktivisten begaben sich auf die Suche nach neuen Ideen. Wie viele andere ihrer Generation begannen Newton und Seale ihre Suche bei den „kulturellen Nationalisten". Von An-

Malcolm X

fang an ergaben sich jedoch Unterschiede, die sich vor allem an der Klassenfrage festmachten.

In seiner Autobiografie, „Seize the Time", erklärt Seale wie Huey P. Newton gegen die Idee argumentierte, nur bei schwarzen Geschäftsleuten einzukaufen: „Unermüdlich erklärte er, dass ein schwarzer Geschäftsmann, der dieselben oder sogar höhere Preise verlange als ein ausbeutender weißer Geschäftsmann, selbst nichts anderes als ein Ausbeuter sei."

Die Black Panther lehnten den Separatismus der „kulturellen Nationalisten" ab und gründeten sich ausgehend von dem großartigen Konzept: „Wir bekämpfen Rassismus nicht mit Rassismus. Wir bekämpfen Rassismus mit Solidarität. Wir bekämpfen den ausbeuterischen Kapitalismus nicht mit schwarzem Kapitalismus. Wir bekämpfen Kapitalismus mit Sozialismus. Und wir bekämpfen den Imperialismus nicht mit mehr Imperialismus. Wir bekämpfen den Imperialismus mit proletarischem Internationalismus".

Innerhalb von zwei Jahren breiteten sich die die Black Panther aus wie eine Buschfeuer. Aus einer handvoll Anhängern in Oakland, Kalifornien, entwickelten sich schnell Ortsgruppen in jeder größeren Stadt in den USA. Wöchentlich wurden 125.000 Exemplare ihrer Zeitung „The Black Panther" verkauft. Genauso schnell wie ihr Aufstieg in den ersten Jahren, verlief auch ihr Niedergang, durch Spaltungen in den eigenen Reihen vorangetrieben. Die Black Panther waren enormen Polizeirepressionen ausgesetzt. Die herrschende Klasse hatte Angst vor ihnen und war deshalb entschlossen sie zu zerschlagen. Es wird geschätzt, dass zum Kern der Panther Organisation nie mehr als 1000 Personen zählten. Einmal standen jedoch 300 von ihnen gleichzeitig vor Gericht. 39 Panther Mitglieder wurden auf offener Straße oder zu Hause von der Polizei erschossen. Außerdem betrieb die Polizei eine Politik breiter Infiltration. Die brutale Repression durch die Polizei trug aber nicht die alleinige Schuld am Untergang der Black Panther, sondern auch ihr Unvermögen einen stimmigen Zugang zum Marxismus zu entwickeln.

Die Anführer der Panther gingen weiter als all ihre Vorgängerorganisationen, da sie sich als Marxisten/Leninisten bezeichneten. Die besten der Black Panther kämpften heldenhaft um den besten Weg zur Befreiung der schwarzen Amerikaner zu finden und kamen dabei zur Schlussfolgerung, dass die Befreiung untrennbar verbunden ist mit dem Kampf für den Sozialismus. Die Probleme, denen sie gegenüberstanden, rührten daher, dass ihre Bewegung entstanden war, bevor sich eine allgemeine Bewegung der US-Arbeiterklasse formiert hatte. In der kurzen Zeit ihres Masseneinflusses gelang es ihnen nicht, eine Strategie zu entwickeln, mit der ihre Ziele erfolgreich durchgesetzt werden konnten.

Das Programm der Black Panther

Der Stalinismus hatte einen sehr verwirrenden Einfluss auf die Bewegung. Nicht wenig Verantwortung für den Niedergang der Black Panther liegt auch bei Organisationen wie der amerikanischen „Socialist Workers' Party", SWP, die sich zwar auf Trotzki berief, aber hinter der Black Power Bewegung her trabte statt die Ideen des Marxismus mit den radikalen AktivistInnen zu diskutieren. Anstelle eines Beitrages zur Weiterentwicklung des Programms und der Methoden der Panther, rügte die SWP die Panther sogar für ihre Kritik am Rassismus der kulturellen Nationalisten: „Die Idee, dass schwarze Menschen rassistisch sein können, ist eine Idee, die die nationalistische Bewegung seit dem Entstehen eines schwarzen Bewusstseins zu bekämpfen hatte".

Die größte Stärke der Black Panther war die Suche nach einer klassenorientierten, statt einer auf Hautfarbe basierenden, Lösung für die Probleme der schwarzen Amerikaner. Damit unterschied sich die Haltung der amerikanischen SWP sehr von der Bobby Seales: „ Diejenigen, die versuchen, den Kampf zu führen, indem sie ethnische Unterschiede betonen, helfen mit die Unterdrückung der Massen aufrecht zu erhalten. Wir brauchen Einheit um die Klasse der Bosse zu schlagen - jeder Streik beweist dies. Jedes Transparent von Arbeiterorganisationen erklärt: ‚Einheit ist Stärke'."

Die Black Panther gründeten sich um ein 10-Punkte-Programm: „Was Wir Wollen und Woran Wir Glauben". Die

Plakat der Black Panther Party

erste Forderung lautete: „Wir wollen Freiheit. Wir wollen die Macht um das Schicksal der schwarzen Bevölkerung bestimmen zu können. Wir glauben nicht, dass die Schwarzen frei sein können solange wir unser Schicksal nicht selbst bestimmen können." Die zweite Forderung war Vollbeschäftigung, die Dritte richtete sich gegen das Ausrauben der schwarzen Bevölkerung durch die Weißen. Die Vierte verlangte nach vernünftigen Wohnungen und einem anständigen Bildungssystem, „das den wahren Charakter dieser dekadenten US Gesellschaft entlarvt". Andere Forderungen sind gegen die Polizeibrutalität, für die Befreiung der schwarzen Bevölkerung vom Militärdienst und für das „Recht aller Schwarzen bei Gericht vor eine Jury von Gleichgestellten oder Mitgliedern der schwarzen Bevölkerung gestellt zu werden".

Zu Beginn kombinierten die Black Panther ihre Kampagnearbeit zum 10-Punkte-Programm mit der Organisation von Selbstverteidigungskomitees gegen Polizeigewalt in bestimmten Stadtvierteln. In dieser Periode konzentrierte sich die Hauptaktivität auf das „Bullen patrouillieren". Das heißt konkret: Sie „begleiteten" die Polizei bei ihren Einsätzen, um versuchten so sicherzustellen, dass die Bürgerrechte der schwarzen Bevölkerung gewahrt blieben.

Wenn Panther-Mitglieder beispielsweise sahen, dass ein schwarzer Autofahrer von der Polizei angehalten wurde, hielten auch sie an und beobachteten den Polizeieinsatz. Meistens trugen sie bei dieser Gelegenheit selbst Waffen. In Kalifornien war es zu der Zeit – mit gewissen Einschränkungen - legal, Waffen zu tragen. Die Panther beriefen sich auf ihr Recht, Waffen zu tragen, indem sie bei ihren Aktivitäten die entsprechenden Gesetzesausschnitte rezitierten. Ein dritter Bestandteil ihrer Arbeit war die Organisation kostenloser Essens-, Kleidungs- und Medizinversorgung in schwarzen Arbeitervierteln. Die Panther nahmen auch klare und fortschrittliche Positionen bezüglich der Rolle von Frauen ein; die Führung kämpfte darum, dass Frauen die Möglichkeit hatten in der Partei eine gleichberechtigte Rolle zu spielen.

Die Black Panther betonten die Notwendigkeit der Selbstorganisation der schwarzen Bevölkerung und die Mitgliedschaft war Schwarzen vorbehalten. Sie argumentierten jedoch für eine Zusammenarbeit mit Organisationen der anderen Bevölkerungsteile. In städtischen Arbeitervierteln bildeten sich zu dieser Zeit eine Reihe von Organisationen, die sich die Black Panthers zum Vorbild nahmen. Oft waren ihre Gründer vormalige Gangmitglieder. Dazu gehörte die aus New York stammende, puerto-rikanische Organisation „The Young Lords" und die „Young Patriots", eine weiße Organisation aus Chicago.

Die Massenbewegung gegen den Vietnamkrieg machte den Black Panther jedoch am deutlichsten klar, dass Teile der weißen Bevölkerung sehr wohl bereit waren, Widerstand zu leisten. Huey P. Newton sagte dazu: „Die jungen weißen Revolutionäre forderten den Abzug der Truppen aus Vietnam, ‚Hände weg von Lateinamerika' sowie den Rückzug der Truppen aus der Dominikanischen Republik, aus den Schwarzenvierteln und aus den schwarzen Kolonien. Wir haben hier eine Situation, in der sich diese jungen weißen Revolutionäre mit den Menschen aus den Kolonien identifizieren und sich gegen die Ausbeuter und Unterdrücker stellen".

Die Black Panther wurden durch den Kampf gegen die koloniale Besatzung, die weltweit stattfand, ermutigt. Sie hatten eine eindeutige Haltung zum Vietnamkrieg. In einem Appell an die schwarzen Soldaten erklärten sie: „ Es ist richtig, dass die Vietnamesen sich und ihr Land verteidigen und für das Recht auf Selbstbestimmung kämpfen, denn sie haben uns NIE unterdrückt und sie haben uns auch NIE Nigger genannt."

Die Revolte gegen den Vietnamkrieg hatte große Auswirkungen auf die schwarze Bevölkerung. Es war vor allem die Arbeiterklasse, die unter der Wehrpflicht zu leiden hatte. Black Panther-Mitglieder, die eingezogen wurden, gründeten Gruppen in der Armee. Die Armee erwies sich als sehr fruchtbarer Boden für ihre Ideen. In einer Untersuchung hieß es, dass 45 Prozent der schwarzen Soldaten bereit seien, im eigenen Land mit der Waffe in der Hand für Gerechtigkeit zu kämpfen.

Der Aufstand gegen den Krieg ließ die herrschende Klasse in den USA erstarren. Trotz der Notwendigkeit mehr Truppen in den Irak zu senden, trauen sie sich bis heute nicht, die Wehrpflicht wieder einzusetzen. Das zeigt, wie tief die Erinnerung an den Vietnamkrieg und seine Folgen in der herrschenden Klasse, aber auch bei der einfachen amerikanischen Bevölkerung, verwurzelt ist.

Die Black Panther begrüßten die Radikalisierung der weißen Jugend durch die Anti-Kriegsbewegung; echte Bündnispartner zu finden gestaltete sich jedoch schwieriger.

Bei den Wahlen kandidierten die Black Panther gemeinsam mit der Friedens- und Freiheitspartei (Peace and Freedom Party, PFP), die vor allen Dingen gegen den Vietnamkrieg und die Unterdrückung von Schwarzen aktiv war. Als Huey P. Newton 1967 im Gefängnis saß, arbeiteten sie gemeinsam in der „Free Huey"-Kampagne.

Weder die PFP, noch irgendeine andere Organisation, mit der die Black Panther zusammenarbeiteten verfügte über eine bedeutsame Verankerung innerhalb des weißen Teils der Arbeiterklasse. Huey P Newton war sich dessen bewusst und erklärte 1971: „Unser Zusammentreffen mit den weißen Radikalen führte nicht zu einem tatsächlichen Zugang zur weißen Bevölkerung, was vor allen daran liegt, dass jene Radikalen diese nicht anführen"

Kaum Verbindungen zu den Arbeitern

Die Hauptorientierung der Black Panther lag ebenfalls nicht auf der organisierten schwarzen Arbeiterklasse. Sie organisierten „Arbeitskreise" innerhalb der Gewerkschaften, wie sich Bobby Seale erinnert, um „dazu beizutragen, den Rest der Gewerkschaftsmitglieder dahingehend auszubilden, dass sie verstehen, dass auch sie ein besseres Leben haben können. Wir wollen, dass die Arbeiter verstehen, dass sie die Produktionsmittel kontrollieren müssen und dass sie anfangen sollen, ihre Macht dazu zu nutzen, die Produktionsmittel zu kontrollieren und sie im Dienste aller Menschen einzusetzen."

Das war eine korrekte Haltung, aber in Wahrheit machte die Gewerkschaftsarbeit nur einen sehr kleinen Anteil an der Arbeit der Black Panther aus. Sie richteten sich bewusst auf die am stärksten unterdrückten und arbeitslosen Teile der schwarzen Bevölkerung aus, die sie nach Marx als Lumpenproletariat bezeichneten. Es ist wahr, dass diese Schichten der Arbeiterklasse zu enormen Opfern bereit und auch besonders kämpferisch sind. Und es ist auch wahr, wenn die Black Panther erklärten, dass es wichtig ist, die am meisten unterdrückten Schichten für die revolutionäre Partei zu gewinnen. Was tatsächlich der Fall war, angesichts der katastrophalen Zustände in denen die meisten Schwarzen gezwungenermaßen lebten.

Die Urbanisierung, die mit dem Nachkriegsaufschwung einher ging, führte zur massenhaften Abwanderung von Schwarzen in die nördlichen, industrialisierten Städte. In den Städten angekommen, fanden sich viele in Ghettos und in absoluter Armut wieder. In vielen Gebieten war die Mehrheit arbeitslos. Nichtsdestotrotz bildeten schwarze Arbeiter einen bedeutenden Teil der Arbeiterschaft. Wegen ihrer besonderen Bedeutung im Produktionsprozess spielt die Industriearbeiterklasse eine Schlüsselrolle in der sozialistischen Umgestaltung der Gesellschaft.

Schwarze Arbeiter repräsentierten die besten Traditionen der us-amerikanischen Arbeiterklasse. Vor dem Krieg waren viele von ihnen durch die großen gewerkschaftlichen Auseinandersetzungen der 20er und 30er Jahre geprägt worden. Dies gilt insbesondere für die massive Streikwelle, die 1934 ausbrach und stadtweite Generalstreiks zur Folge hatte. (Dazu gehörte die legendäre Rebellion der Teamster Gewerkschaft in Minneapolis und die Auto Lite Sitzblockade in Toledo, Ohio)

Groß angelegte Kampagnen zur Organisierung von Fabrikarbeitern und unausgebildeten Arbeitern führten zum Aufstieg des gewerkschaftlichen Dachverbandes „Congress of Industrial Organisations" (CIO), der 1936 gegründet wurde. Die neuen Industriegewerkschaften (Vereinigte Automobilarbeitergewerkschaft, Vereinigte Bergarbeitergewerkschaft, Vereinigte Stahlarbeitergewerkschaft etc.) zogen im Unterschied zu den alten Handwerksgewerkschaften und der Amerikanischen Arbeiter Föderation (American Federation of Labor) direkt über 500.000 schwarze Arbeiter an. Während des Krieges wurde diese Kampfkraft sehr gut genutzt, so zum Beispiel bei dem 1941 stattgefundenen Streik der schwarzen Schaffnergewerkschaft, der „Bruderschaft der Schlafwagenschaffner". Der Streik zwang die Regierung dazu, die offen rassistische Diskriminierung in Kriegsgüter produzierenden Betrieben zu beenden.

Bei einer korrekten Herangehensweise der Black Panther hätte zweifellos enormes Potential bestanden, um Unterstützung in bedeutenden Schichten der Arbeiterklasse, inklusive ihres weißen Teils, aufzubauen.

Mit Sicherheit gab es bei weißen Arbeitern, einschließlich der gewerkschaftlich organisierten, Vorurteile, die es zu bekämpfen galt. Das Ende des großen Nachkriegsaufschwunges führte zu einem Anstieg der Arbeitslosigkeit und zu höherer Arbeitsintensivierung für alle Teile der Arbeiterklasse. Das führte zu einer Radikalisierung innerhalb der Arbeiterklasse. Schwarze Arbeiter, die ohnehin schon zu schlechteren Bedingungen arbeiten mussten, waren dabei die kampfbereitesten, aber auch innerhalb des weißen Teils der Arbeiterklasse fand eine Radikalisierung statt.

Die fehlende Verankerung in der Arbeiterklasse war ein Grund für die zunehmende Tendenz der Black Panther hin zu einem autoritären Regime. Diese Entwicklung war bis zu einem gewissen Grad immer vorhanden gewesen und verstärkte sich zusätzlich durch den Versuch ausbleibende Massenaktionen durch bemerkenswert mutige Taten einzelner Aktivisten zu ersetzen. Ein Beispiel für eine derartige Aktion ist die bewaffnete Demonstration vor dem kalifornischen Staatsparlament.

Der Einfluss des Stalinismus war hauptsächlich dafür verantwortlich, dass eine konsequente Orientierung an der Arbeiterklasse ausblieb. Die Führung der Black Panther Party war besonders beeindruckt von den Revolutionen in China und Kuba, die jedoch beide von kleinbürgerlichen, sich auf die Bauernschaft stützenden, Guerilla-Gruppen angeführt wurden. Die Arbeiterklasse spielte in beiden Revolutionen eine eher passive Rolle.

Außerdem waren die Black Panther der Überzeugung, dass der Faschismus in den USA vor der Tür stünde. Diese Fehleinschätzung basierte ebenfalls auf dem Einfluss des Stalinismus und der eigenen Erfahrung mit der Polizeibrutalität in den USA. In Kombination mit den verheerenden Lebensbedingungen der schwarzen Bevölkerung entstand eine ungeheure Ungeduld nach sofortigen Lösungen. Diese Ungeduld verhinderte die Entwicklung einer kontinuierlichen Strategie, um in Ruhe breitere Teile der Arbeiterklasse zu gewinnen.

Auch die amerikanische SWP trägt einen Teil der Verantwortung für das Scheitern der Black Panther. Sie waren nicht in der Lage ein Programm und eine Methode vorzulegen, mit Hilfe derer es möglich gewesen wäre, die fortschrittlichsten Schichten der US amerikanischen Arbeiterklasse zu gewinnen. Trotz der fehlenden Arbeiterdemokratie war die SWP gänzlich unkritisch gegenüber Kuba. In den USA selbst war die SWP zwar Teil der Black Power- und der Anti-Kriegsbewegung, unternahm jedoch keine Anstrengungen, um sie politisch über den bestehenden Entwicklungsgrad hinaus weiter zu führen. Trotz ihrer Begrenztheit zeigt die Entwicklung der Black Panther Party auf, wie sich in der Praxis Bewusstsein auf Grund der brutalen Realität des Kapitalismus entwickeln kann. Es ist eine Tragödie, dass es zu diesem Zeitpunkt in der Geschichte keine marxistische Partei gab, die den Black Panther und den Hunderttausenden, die sich von ihnen angesprochen fühlten, einen Weg nach vorne hätte aufzeigen können.

Ein separater schwarzer Staat?

Die unrühmliche Rolle, die die amerikanische SWP in Bezug auf die Black Panther spielte, liegt unter anderem in ihrem Missverständnis von Trotzkis Schriften zum schwarzen Nationalismus die er in den 30er Jahren verfasste. Trotzki bezieht sich in seinen Schriften auf die Herangehensweise Lenins und der Bolschewiki in Bezug auf die nationale Frage und verteidigt das Recht der Nationen auf Selbstbestimmung.

Es war insbesondere Lenin, der die Bedeutung der nationalen Frage vollständig erfasst hatte. Um die sozialistische Revolution in Russland erfolgreich durchzuführen war es entscheidend für das Recht auf Selbstbestimmung - bis hin zur Unterstützung des Rechts auf Loslösung - der vielen Nationalitäten einzutreten, die unter der brutalen Unterdrückung des zaristischen Russlands zu leiden hatten.

Nur auf dieser Grundlage war es möglich, die größtmögliche Einheit der Arbeiterklasse zu schaffen, die sich über ethnische und religiöse Trennungslinien hinwegsetzen konnte. Für das Recht auf Loslösung einzutreten bedeutete jedoch nicht notwendigerweise für Loslösung per se einzutreten. Es ist Lenins extrem sorgfältiger und bedächtiger Herangehensweise zu verdanken, dass die Russische Sozialistische Föderative Republik in der Zeit unmittelbar nach der Revolution so viele Nationalitäten umfasste, die zuvor unter der Knechtschaft des zaristischen Russlands gestanden hatten und die sich nun freiwillig der neuen sozialistischen Republik anschlossen.

Nachdem die Stalinistische Kommunistische Partei in den USA in den 30er Jahren die Idee eines separaten schwarzen Staates aufgeworfen hatte, diskutierte Trotzki Aspekte der nationalen Frage mit seinen Unterstützern in den USA. Zunächst verwarfen seine Anhänger die Idee eines separaten schwarzen Staates vollständig und stellten ihr die Notwendigkeit nach der Einheit der Arbeiterklasse gegenüber. Trotzki erklärte in dieser Diskussion, dass es aufgrund der brutalen Repressionen gegen die schwarze Bevölkerung zu einem bestimmten Zeitpunkt zur Entwicklung eines nationalen Bewusstseins und damit verbunden der Forderung nach einem eigenen Staat innerhalb breiter Schichten der schwarzen Bevölkerung kommen könnte. Im Falle einer solchen Entwicklung, erklärte Trotzki, müssten Marxisten das Recht der Schwarzen in den USA auf einen eigenen Staat unterstützen.

Trotzkis analytische Methode war korrekt. Eine Veränderung der Umstände führte jedoch dazu, dass die Forderung nach einem separaten Staat auf US-Territorium keine Dringlichkeit entwickelte. Als Trotzki seine Aufzeichnungen verfasste, lebte die Mehrheit der schwarzen Bevölkerung im Süden der USA und in den zwei südlichen Staaten Mississippi und Alabama war sogar die Bevölkerungsmehrheit schwarz. 1970 hatte sich dieses Bild bereits verändert; zu diesem Zeitpunkt lebten 75 Prozent in den größten Städten und eine Mehrheit im Norden der USA. Obwohl das schwarze Bewusstsein sehr stark ausgeprägt war und ist, kam auf Grund dieser Entwicklungen die Forderung nach einem separaten Staat nicht auf.

Aber selbst wenn das Bewusstsein der schwarzen Bevölkerung sich so entwickelt hätte, entschuldigt es nicht die Herangehensweise der amerikanischen SWP. Trotzki unter-

strich die Bedeutung der Rolle der Arbeiterklasse, die als einzige Kraft in der Gesellschaft in der Lage ist tatsächliche nationale Befreiung als Teil des Kampfes für den Sozialismus durchzusetzen. Er erklärte auch, dass es notwendig sei, als Arbeiterklasse einen unabhängigen Klassenstandpunkt einzunehmen und den groben Fehler zu vermeiden, sich auf die bürgerlichen und kleinbürgerlichen Kräfte der nationalistischen Befreiungsbewegungen zu verlassen. Man muss den Black Panther Kredit zollen; sie entwickelten ein besseres Verständnis für diese Fragen, als die selbsternannten Trotzkisten der amerikanischen SWP, die eine unkritische Haltung gegenüber den kleinbürgerlichen Ideen des kulturellen Nationalismus einnahmen.

Die Tragödie der Black Panther ist, dass das Fehlen eines marxistischen Programms, trotz ihrer besten Absichten, zu einem derartig schnellen Niedergang geführt hat. Die Schwierigkeiten und Auseinandersetzungen innerhalb der Black Panther haben dazu geführt, dass sich einige von ihnen, unter anderem die Gruppe um Eldridge Cleaver dem Terrorismus zuwandten. Heute erleben wir, dass eine sehr sehr kleine Schicht muslimischer Jugendlicher diesen verkehrten Weg einschlägt. Sollte es aber zu Niederlagen kommen, besteht die Gefahr, dass sich mehr Menschen gleich welcher Herkunft dem Terrorismus zuwenden. Diese Möglichkeit besteht insbesondere dann, wenn es in ihren Augen kein erkennbar besseres Kampfmittel gibt. Der Aufbau von sozialistischen Massenorganisationen ist der einzige Weg, um diesen Prozess effektiv zu blockieren. Trotz der genannten Schwäche der Black Panther Party zeigt sich anhand ihrer Entwicklung auch die Entschlossenheit der bewusstesten Teile der Arbeiterklasse einen Weg zu den wahren Ideen des Sozialismus zu finden.

Auch als Cleaver und andere sich dem Terrorismus zuwandten, versuchte Huey P. Newton, leider erfolglos, eine Änderung des Kurses bei den Black Panther herbeizuführen.

Später reflektierte Huey P. Newton: „Wir wurden als eine militärische Eingreiftruppe gesehen, die außerhalb der Strukturen der schwarzen Bevölkerung operierte und die zu radikal erschien um sich ihr anzuschließen. Wir sahen uns selbst als die revolutionäre Avantgarde und hatten nicht wirklich verstanden, dass nur die Menschen selbst die Revolution machen können. Die Menschen folgten unserem Beispiel nicht, die Waffe in die Hand zu nehmen."

Genau wie Huey P. Newton und Bobby Seale sich auf Malcolm X bezogen, werden zukünftige Generationen schwarzer Arbeiter und Jugendlicher aus all den starken Seiten der Black Panther Lehren und auf ihnen aufbauend eine neue Partei erschaffen, die in der Lage sein wird, die sozialistische Umgestaltung der Gesellschaft durchzuführen.

Was will die SAV?

Die Krise des Kapitalismus führt zu Angriffen auf den Lebensstandard und die Rechte der Lohnabhängigen und sozial Benachteiligten. Die Zerstörung der Umwelt nimmt immer bedrohlichere Formen an. Dagegen muss massenhafter Widerstand organisiert werden. Dafür ergreifen wir Initiativen und sind aktiv in der Partei DIE LINKE, dem Jugendverband Linksjugend['solid], den Gewerkschaften und sozialen Bewegungen.

Die arbeitende und erwerbslose Bevölkerung braucht auch eine sozialistische Massenpartei, die ihre Interessen politisch zum Ausdruck bringt. Zur Zeit sehen wir in der LINKEN den einzigen ernsthaften Ansatz, die nötigen Debatten über den Aufbau einer solchen Partei zu führen und praktische Schritt dafür zu ergreifen. Deshalb sind wir Teil der LINKEN und treten für eine kämpferische und sozialistische Partei ein.

Alle Erfahrungen zeigen: Der Kapitalismus kann nicht zu einer friedlichen und sozial gerechten Gesellschaft umgestaltet werden. Deshalb gilt es, den Kampf für Verbesserungen mit dem Kampf für eine sozialistische Gesellschaft zu verbinden. Sozialismus bedeutet, dass die ganze Gesellschaft demokratisch durch die arbeitende Bevölkerung kontrolliert und verwaltet wird. Dazu müssen die Banken und Konzerne in öffentliches Eigentum überführt werden. Das hat nichts mit den stalinistischen Diktaturen zu tun, die in der DDR oder der Sowjetunion existierten. In diesen herrschte eine abgehobene Bürokratie über die Bevölkerung.

Die Revolutionen und Aufstände in Nordafrika haben gezeigt: spontan können Massenbewegungen Herrscher stürzen und revolutionäre Situationen auslösen. Erfolgreiche und dauerhafte Veränderungen der Macht- und Eigentumsverhältnisse sind jedoch nur möglich, wenn die Massen über eine schlagkräftige Organisation verfügen. Dazu bedarf es einer internationalen marxistischen Organisation. Eine solche wollen wir gemeinsam mit dem Komitee für eine Arbeiterinternationale weltweit aufbauen.